AF263423

H. DE CASTRIES

QUESTIONS SAHARIENNES

ET

TRANSSAHARIENNES

PARIS

LIBRAIRIE AFRICAINE ET COLONIALE

J. ANDRÉ, ÉDITEUR

27, RUE BONAPARTE, VI

1902

QUESTIONS SAHARIENNES

ET

TRANSSAHARIENNES

I

LE SAHARA FRANÇAIS [1]

« Le coq gaulois trouvera où gratter dans le sable saharien, nous le lui avons compté sans mesure », aurait dit ironiquement lord Salisbury, après les conventions du 5 août 1890, qui réglaient le partage de l'Afrique. Le ministre anglais pensait avec assez de raison que le Sahara, loin d'être un trait d'union entre l'Algérie et le Soudan, retarderait indéfiniment l'unification de notre domaine africain et il eût regardé comme l'élucubration d'un cerveau malade l'éventualité d'une armée algérienne apparaissant sur les frontières du Sokoto après une traversée rapide du désert. Le Sahara qu'il nous attribuait avec tant de générosité n'avait à ses yeux ni valeur stratégique, ni valeur économique; ce devait être pour l'Algérie comme pour le Soudan un dangereux voisinage.

Les prévisions machiavéliques de lord Salisbury ne se sont, jusqu'ici, que trop réalisées; notre situation dans le Sahara ne s'est guère améliorée depuis quarante ans que nous tentons de nous y établir; car il est bien évident que la France n'avait pas attendu, pour affirmer ses droits sur les solitudes sahariennes, leur reconnais-

(1) Paru dans *les Débats*, 17 février 1899.

sance par l'Angleterre. Explorations, négociations, chemins de fer, installation de postes lointains, création de troupes sahariennes : tout a été également infructueux.

Tandis que des reconnaissances nombreuses dirigées par d'intrépides officiers ont sillonné le Soudan en tous sens et sont arrivées à asseoir notre domination sur les rives du Niger, tandis que l'Afrique équatoriale a été traversée, nombre de fois de l'Atlantique à l'océan Indien, le Sahara français est resté vierge de toute pénétration sérieuse et notre prestige y est allé en déclinant depuis le massacre de la mission Flatters. Quels résultats ont amenés les efforts tenaces du plus convaincu de nos explorateurs sahariens, M. Foureau? Chaque fois qu'il a voulu pénétrer dans le réduit où les Touaregs abritent leur farouche indépendance, ceux-ci ont entamé avec lui ces négociations dilatoires où excellent les nomades et qui permettent à un explorateur de revenir en arrière avec quelques bonnes promesses, donnant à sa mission une apparence de réussite.

Faut-il rappeler nos relations diplomatiques avec les chefs de ces tribus ou plutôt avec ceux auxquels notre crédulité conférait ce titre. Depuis 1862, date du soi-disant traité de Ghadamès, chacune des avances faites par nous à ces forbans a été suivie de sang versé et de pillage : massacre de Mlle Tinné, massacre de Dournaux-Duperré, de la mission Flatters, du lieutenant Palat. Nous avons promené pompeusement à l'Exposition de 1889, comme un personnage important, le bandit qui devait assassiner Crampel.

Les chemins de fer, après avoir été reconnus comme les véritables instruments de pénétration saharienne, n'ont pas été construits. Cette question d'intérêt général a misérablement échoué devant des rivalités de clochers, chacune des trois provinces algériennes ne voulant pas démordre de ses prétentions à posséder la tête de ligne du futur Transsaharien.

Que dire des créations de Fort-Mac-Mahon, de Fort-Miribel, d'Hassi-Initel, etc., postes si onéreusement, si imprudemment et si inutilement établis à la limite extrême du parcours de nos goums? Il y a un principe stratégique déjà vérifié aux confins du Tell, mais qui devient un axiome en pays saharien : ce principe est le suivant : *On ne tient pas les nomades avec des bordj.* Nous avons pu élever à 250 kilomètres d'El-Goléa, au puits de Hassi-el-Hamar le Fort-

Mac-Mahon ; mais ce serait une grave erreur de croire que nous dominions en maîtres sur la région comprise entre ces deux points. A peu de chose près l'insécurité y est la même ; les *rezzou* passent et repassent entre El-Goléa et Fort-Mac-Mahon et les troupes de relève de ce dernier poste en savent quelque chose, puisqu'elles ont été parfois terriblement bousculées par ces bandes de forbans sahariens. C'est un jeu pour un rezzou de rôder autour de ces postes isolés, d'enlever leurs troupeaux de ravitaillement. leurs meharas, de tuer quelques vedettes et d'affoler leurs petites garnisons par des alertes continuelles. Au cas d'une marche sur le Touat, des bordj provisoires, élevés à peu de frais et occupés temporairement, auraient eu leur raison d'être comme postes de liaison et dépôts de vivres ; mais l'occupation définitive et permanente de points aussi perdus dans le Sahara a été une grande faute et une source de dépenses considérables.

Si nous examinons maintenant la création des troupes sahariennes, nous constatons également de bien minimes résultats. Ces nouveaux corps répondaient-ils à un véritable besoin? En quoi devaient-ils différer des goums et des anciens makhzen? Par une existence plus définie et plus permanente, par une administration plus régulière, par leur rattachement au 19ᵉ corps, par la dénomination d'escadron ou de bataillon, voire par un costume particulier. Là encore réapparait notre défaut incorrigible : besoin d'administrer, besoin d'uniformiser et impossibilité de reconnaître une utile existence à tout ce qui n'est pas né d'une loi ou d'un décret. A des goums ayant par leur recrutement, par leur extrême mobilité, par leur résistance, par leur façon rudimentaire de vivre en campagne, toutes les précieuses qualités des cosaques, nous avons substitué des indigènes ignorant le Sahara, portant gauchement un uniforme et attendant dans nos bordj du Sud la sonnerie du pansage pour étriller leurs meharas.

C'est une dérision ! Il s'est rencontré heureusement des officiers d'initiative comme le commandant Godron qui, dans des raids audacieux, ont su montrer récemment tout le parti qu'on pouvait tirer de goums bien dirigés. Je doute fort que les spahis sahariens puissent faire beaucoup mieux que ces cavaliers de Géryville, qui ont poursuivi, au mois de janvier 1897, un rezzou de Châambas et l'ont rejoint en pleine dune, après avoir poussé une pointe au sud de Kerzaz.

Le problème saharien est-il donc insoluble, et le coq gaulois est-il destiné à gratter indéfiniment ces immensités sablonneuses, pour la plus grande satisfaction de lord Salisbury? Il est peut-être utile, avant de répondre à cette question, d'en bien préciser les termes. Si notre objectif est d'occuper et d'exploiter le Sahara, ainsi que de soumettre la Confédération des Touareg, comme nous avons pacifié les tribus du Sud algérien, il est évident que nous ne l'atteindrons jamais, dussions-nous couvrir le Sahara d'un réseau de postes et de bureaux arabes, ce qui serait la plus folle et la plus ruineuse des opérations. Mais le problème saharien peut être compris autrement : l'objectif qu'il semble raisonnable de nous proposer est « en premier lieu, d'assurer la sécurité du Sud algérien et du Nord soudanais, et, en second lieu, celle de deux ou trois voies stratégiques et commerciales traversant le Sahara du Nord au Sud et reliant l'Algérie à nos possessions du Soudan ». Renfermé dans ces limites étroites, le problème saharien comporte une solution et nous allons brièvement indiquer comment on peut l'obtenir.

« On ne tient pas les nomades avec les bordj », avons-nous dit plus haut ; nous ajoutons, en nous servant de l'expression un peu crue des indigènes : « On ne les tient que par le ventre. » Les Touareg et autres Sahariens, qui ne peuvent ensemencer et qui, d'ailleurs, croiraient déroger en cultivant la terre, envoient périodiquement dans les marchés des oasis de nombreuses caravanes qui leur rapportent le blé, l'orge, les dattes, ainsi que les denrées européennes entrées dans la consommation des grandes tentes, telles que le sucre, le café, le thé, etc. Cette nécessité du ravitaillement est le point faible dans l'existence si indépendante des nomades ; elle donne un démenti au proverbe : « Ventre affamé n'a point d'oreilles », car les plus farouches coupeurs de route du Sahara savent entrer en composition, quand on les affame en leur interdisant l'accès des marchés.

Par l'emploi de cette politique si simple, que j'appellerais volontiers « la politique du ventre », le Sultan du Maroc maintient sa fragile autorité sur les Beni-Guil, les Doui-Menia, les Berabers et autres tribus, qui ont cependant quelques terrains de culture et qui possèdent au milieu de leur territoire des ksours où ils peuvent s'approvisionner en partie ; mais ces marchés leur sont insuffisants, et l'amel d'Oudjda attend tranquillement au fond de sa kasba que la faim lui ramène ses turbulents administrés, et c'est alors qu'il perçoit sur eux impôts et amendes, sans préjudice des redevances qu'il exige pour son profit personnel.

Pour ce qui est des Touareg et du Sahara français, la question est très simplifiée, car les points de ravitaillement extrêmement rares dans cette région, dont la superficie est égale à près de quatre fois celle de la France, ne sont pas disséminés sur cette immense surface. Ce sont, à l'Ouest, les oasis du Gourara, du Touât et du Tidikelt formant un seul groupement dont In-Salah est sensiblement le centre et la capitale et, à l'Est, les villes de Ghadamès et de Ghât. Ces trois centres de ravitaillement sont d'ailleurs situés sur les deux routes commerciales et stratégiques du Sahara, avantage immense qui nous permettrait, en les occupant, de réaliser du même coup le double objectif que nous indiquions en commençant.

Par notre mainmise sur le Gourara, le Touât et le Tidikelt, nous obligerions les Touareg à se serrer fortement le ventre et nous purgerions en même temps ces oasis des agitateurs, des dissidents et des contumaces algériens qui y ont leur principal refuge. Cette occupation, qui n'exige qu'une démonstration militaire, et qui se ferait vraisemblablement sans coup férir, serait un fait accompli depuis dix ans au moins sans nos tergiversations et si le chemin de fer d'Aïn-Sefra, conçu en 1880 avec cet objectif, n'était pas resté en panne au ridicule terminus de Djeneïen-Bou-Rezg. Le seul tronçon de cette ligne dont la construction présentât quelques difficultés était celui qui traversait la région montagneuse des ksours oranais; les études en sont terminées depuis quinze ans. Au delà du massif des ksours, le tracé est très simplifié; il suffit presque de poser le rail, en suivant les vallées de l'oued Zouzfana et de l'oued Messaoura, où l'on rencontre des points d'eau peu espacés et des oasis qui n'attendent qu'un peu de sécurité pour prendre du développement. Le Sahara français, limité, à l'Ouest, par cette voie ferrée, serait plus protégé que par une muraille de Chine. Le terminus de cette ligne serait In-Salah ou un point à déterminer à l'extrémité Sud du Tidikelt; ce ne serait donc pas, d'ici longtemps, un Transsaharien.

Quelques officiers intelligents, des goums et des makhzen recrutés parmi les Châambas, au besoin un détachement de troupes euro-péennes devraient suffire à établir notre domination sur les 200.000 ksouriens du Gourara, du Touât et du Tidikelt. Il est formellement entendu que cette occupation ne devrait entraîner aucune réforme, aucune réorganisation administrative du pays. Les effets de notre installation dans ces oasis seraient la sécurité rendue à leur popula-tion sédentaire, une extension immédiate de leurs relations avec l'Algérie, enfin le calme rétabli dans le Sud Algérien. Par suite de la configuration du sol, notre marche en Algérie s'est toujours faite par bonds successifs : l'occupation du Tell n'a été définitive que lors-qu'un premier bond nous eût amenés sur la lisière des hauts pla-teaux, bien avant la soumission complète des tribus fixées en deçà de cette ligne; nous n'avons été ensuite réellement maîtres des hauts plateaux qu'après avoir franchi d'un second bond cette vaste région et nous être établis vers la limite Nord du Sahara. Aujourd'hui, un troisième bond reste à faire qui doit nous amener en pleine région du Touât. Ce n'est pas par une progression lente de notre base d'opé-rations et par la création de postes perdus dans les immensités saha-riennes que nous établirons notre domination ; c'est en allant tout droit occuper les oasis où se trouve une population sédentaire et agricole, où, par suite, notre installation est facile et d'où nous pou-vons tenir « par le ventre » les turbulents nomades.

A l'Est, l'idéal serait une voie ferrée, formant muraille de Chine, comme celle établie à l'Ouest dans la vallée de l'oued Messaoura, et partant de Zarziz, à mi-distance entre Gabès et Tripoli pour aboutir à Ghât, en passant par Ghadamès. On ne peut évidemment pas songer à construire cette voie ferrée : mais il serait très suffisant, pour l'objectif auquel nous tendons, de nous établir à Ghadamès et à Ghât. Malheureusement ces deux villes qui dépendent géographiquement de l'hinterland tunisien, sont nominalement à la Turquie. Il est permis d'espérer que la cession de deux oasis, qui intéressent à un si haut point notre domination dans le Sahara, pourra, un jour venant, être obtenue par notre diplomatie, à la suite de négociations amicales avec la Porte. Elles n'ont pour la Turquie qu'une importance très secondaire, étant situées en dehors de l'hinterland de la Régence de Tripoli, qui conserve vers le Sud sa zone d'expansion naturelle cons-tituée par le Fezzan. Que si le Sultan manifestait quelques scrupules à l'endroit de la cession de deux villes musulmanes à une puissance chrétienne, il serait facile de lui objecter que cette cession serait consentie, en fait, à un souverain musulman, le bey de Tunis.

Le jour où le Sahara français serait ainsi encadré à l'Est et à l'Ouest et où nous occuperions les centres d'approvisionnement des nomades, le problème serait aux trois quarts résolu. Il nous resterait un dernier bond à faire pour atteindre d'In-Salah et de Ghât les confins du Soudan ; mais déjà l'extension progressive de notre influence nous amènerait jusqu'à la zone où se fait sentir celle de notre colonie du Niger ; alors se trouverait réalisée, dans une certaine mesure, l'unification de notre domaine africain.

Dans cette brève étude de la question saharienne, nous avons voulu mettre en lumière ce fait trop souvent oublié : l'inanité de tout le Sahara en dehors de quelques oasis, centres d'approvisionnement des nomades et habitées par des populations sédentaires. Les explorateurs, à la suite de leurs reconnaissances hardies, ajoutent indéfiniment des noms sur la carte de ces solitudes, qui sera bientôt aussi chargée que celle du département de la Seine ; mais ces noms ne s'appliquent qu'à des puits, à des dunes et à certains accidents de terrain qui se répètent à profusion dans la topographie saharienne (Ghourd, Gassi, Feidj, Draâ, etc.). Les points qu'ils désignent n'ont aucune importance économique et politique ; les puits, eux-mêmes, souvent à demi comblés, ne sauraient avoir une valeur stratégique ; ils peuvent suffire à des chasseurs et à des coupeurs de route ; mais ce serait téméraire de compter sur eux pour abreuver une colonne. Dans l'immense rectangle compris, d'une part, entre le 5° de longitude Ouest et le 9° de longitude Est, et, d'autre part, entre le 22° et le 33° de longitude Nord, quelques rares noms sont à retenir parmi ceux qui figurent sur les cartes ; ce sont : Ghardaïa, Ouargla. El-Goléa, Ghadamès, Ghât, et, par dessus tout, le groupement important : Tidikelt, Touât, Gourara, prolongé vers le Nord presque sans solution de continuité par les oasis de l'oued Messaoura et de l'oued Zouzfana.

Quant aux deux conclusions pratiques qui semblent se dégager de ces lignes : occupation du Touât et négociations avec la Porte pour la cession de Ghadamès et de Ghât, il n'est pas besoin de dire que leur importance est loin d'être égale. Le Sahara, ou tout au moins le

Sahara français, penche vers l'Ouest; son centre de gravité politique
et économique se trouve beaucoup plus rapproché de la vallée de
l'oued Massouara que de la ligne Ghadamès Ghât ; nous n'avons donc
actuellement qu'à concentrer nos efforts sur le Touàt : occupons In-
Salah et hâtons-nous de pousser la voie ferrée du Sud oranais au
delà de Djeneïen-Bou-Rezg.

II

L'AFRIQUE MINEURE
ET LE TRANSSAHARIEN [1]

———

Avec l'autorité de son talent et une ardeur de patriotisme à laquelle il faut rendre le plus grand hommage, M. Paul Leroy-Beaulieu est arrivé à créer autour de la question du transsaharien un mouvement d'opinions considérable. La voici, après vingt années d'oubli, qui revient sur... le sable. Le Conseil général d'Alger, les Chambres de commerce de Paris et d'Orléans, le XXe Congrès de géographie lui ont consacré tout récemment de remarquables rapports. Je demande à mon tour, au double titre de Saharien et de colonial, la permission d'apporter ma modeste contribution à l'étude de cette question, trop heureux si je puis faire entendre ma voix ailleurs que dans le désert.

Dans notre pays inconstant et qui brûle si facilement ce qu'il a adoré, on proteste actuellement contre la vieille formule en faveur autrefois : l'Algérie est le prolongement de la France. Il est de mode aujourd'hui de passer à vol d'oiseau au-dessus de l'immensité saharienne qui devient, avec un rail hypothétique, une quantité négligeable, et de déclarer que l'Algérie est le seuil de notre empire

(1) Paru dans la *Revue angevine*, octobre 1899

africain. *Sunt verba et voces.* Je voudrais tout d'abord faire observer que ces deux conceptions : prolongement de la France, seuil de l'Afrique française, ne seraient nullement exclusives l'une de l'autre, si l'Algérie était aussi rapprochée du Soudan qu'elle l'est des côtes de France. Malheureusement il n'en est pas ainsi : le Soudan est séparé de l'Algérie par une seconde Méditerranée cinq fois plus large que la première, mais cette Méditerranée-là est une mer solidifiée, aride, désolée

Et qui flambe muette, affaissée en son lit.

M. Laferrière, qui voulut être un gouverneur *africain*, reprochait naguère aux géographes d'avoir enseigné que l'Algérie constituait une véritable dépendance de l'Europe méridionale. C'est bien cependant l'exacte vérité. Par la nature et par le relief de son sol, par ses cultures aussi bien que par son climat — on pourrait même ajouter par ses destinées historiques, — l'Algérie forme avec le Maroc et la Tunisie une région européenne tenant à la fois de l'Espagne, de la Provence et de la Sicile; c'est un pays de blé, de vignes et d'oliviers, absolument distinct du reste de l'Afrique; c'est le *Maghreb* des historiens arabes, l'*Afrique-Mineure*, suivant une heureuse appellation que l'usage devrait bien consacrer. Il ne saurait entrer dans nos vues de justifier par ces considérations l'assimilation politique et administrative de l'Algérie à la France. Plus que personne, nous nous élevons contre cette doctrine qui a engendré le déplorable système des rattachements; il semble que l'on ait voulu par là inoculer à notre colonie ce mal de centralisation et de fonctionnarisme dont la métropole cherche en vain le remède. Nous entendons donc que l'Algérie est une véritable colonie, ayant tous les droits à une large autonomie; mais de là, à la considérer comme partie intégrante de notre empire africain, ou comme étant le seuil de nos possessions du Soudan, il y a un pas difficile à franchir; ce pas est le Sahara.

Si le Sahara n'est plus le désert sablonneux et uniformément plat que décrivent les anciens manuels de géographie, il ne faudrait pas croire qu'il soit plus accessible et plus clément; il est toujours le pays de la soif, le pays de la siccité par excellence, le pays de l'aridité désolée où la roche apparaît sous un triste aspect : roches compactes émergeant du sol avec des reliefs de montagnes, roches désagrégées en ces innombrables cailloux bruns que Barth compare si justement à des lentilles pétrifiées, roches pulvérisées à l'état de dunes. C'est bien ainsi qu'Ibn Khaldoun le décrivait dès le xive siècle; l'historien arabe énonçait déjà avec une grande précision cette division du sol saharien en *hammada*, plateaux caillouteux, et en *erg*, dunes de sable. Ibn Khaldoun considérait cette région comme une barrière infranchissable devant séparer à tout jamais le Maghreb du Soudan, le pays des Berbères de celui des Noirs.

Les chroniques arabes (1) sont là pour affirmer que cette barrière a rarement été franchie et qu'elle a toujours empêché des relations suivies de s'établir entre les populations du Maghreb et celles du Soudan, même au temps où l'Islam les avait réunies dans une même foi religieuse. Par trois fois seulement, *l'armée du jour dissipa l'armée de la nuit*, comme le chanta un poète arabe, et le pays des Noirs fut soumis temporairement au pays des Berbères; ce fut d'abord en 1080, sous la dynastie des Almoravides. Les Almoravides, ces Saha-riens de l'ouest voilés comme nos Touaregs, se répandirent avec une force d'expansion extraordinaire, conquérant à la fois le Soudan, le Maghreb et l'Espagne. Une seconde fois (1588-1594), sous le chérif saadien Mouley Ahmed, une armée victorieuse, conduite par Djouder, s'avança entre le Niger et le T.ad, réduisant le Sokoto et le Bornou. Enfin, en 1680, sous le chérif filalien Mouley Ismaël, la poudre parla pour la première fois au pays des Noirs et les armes à feu, triomphant facilement des flèches et des sagaies, assurèrent la vic-toire aux Marocains. Ces soumissions du Soudan furent toujours très éphémères; le principal résultat de ces expéditions était la capture d'un butin considérable. Encore faut-il rabattre beaucoup des des-criptions exagérées des auteurs arabes qui parlent de centaines de chameaux chargés de poudre d'or, d'ivoire, de sachets de civette, etc. Les richesses immenses rapportées du Soudan par Djouder en 1591 auraient valu au sultan Mouley Ahmed son surnom de Ed Dehebi (le Doré). On peut admettre avec plus de vraisemblance que la majeure partie de ces richesses consistait en troupeaux d'es-claves. Mouley Ismaël recruta parmi eux la fameuse garde noire des chérifs, les *Boukhari*, qui compta jusqu'à 50.000 hommes

(1) Cf. *Nozhet-el Hadi*, et *Ibn-Kaldoun*.

sous le règne de Mouley Abd-Allah (1729-1747). Ce sont ces im-
portations considérables d'esclaves qui ont donné à la race du Maroc
l'élément noir qui y est si répandu. Mais la périlleuse traversée
du Sahara « où manquent l'eau et l'herbe et où les oiseaux mêmes
s'égarent », les difficultés de ces expéditions, l'éloignement des
contrées nigériennes contribuèrent à accréditer sur les trésors du
Soudan des légendes comparables à celle des Argonautes sur la
Toison d'Or. L'humanité est ainsi faite : le moindre objet arrivant de
régions inconnues et lointaines acquiert à ses yeux une valeur extraordinaire. Ces légendes ont duré jusqu'à nos jours et il suffit d'avoir
un peu fréquenté les Sahariens pour les avoir entendus parler *ore
rotondo* des *rich en naam* (plumes d'autruche), des *niban el fil*
(défenses d'éléphants) et de tous les autres produits merveilleux du
Soudan.

Il est établi par les chroniques arabes que les communications entre
le Soudan et le Maghreb, ou plutôt le Maroc, ne furent qu'intermit-
tentes et précaires. Du Sahara, les annalistes indigènes ne rapportent
que de rares événements ; ceux qu'ils mentionnent nous montrent
que sa destinée historique n'a pas varié : ce qu'il est de nos jours,
il le fut dans le passé : le refuge des dissidents et des perturbateurs ;
tous les révoltés, que cherchent à atteindre les armées des vizirs, se
jettent dans le désert pour échapper aux poursuites. Ouargla re-
cueille Abou Yezid en 925 et le Gourara abrite Abou Hammou en
1372.

Le Sahara reste donc, sans contestation possible, un formidable
obstacle à l'unification de notre empire africain ; mais, au contraire
d'Ibn Khaldoun, M. Paul Leroy-Beaulieu pense que la barrière sé-
parant le pays des Berbères de celui des Noirs n'est pas infranchissable ; il ne semble pas effrayé par l'idée d'un rail de 3.000 kilomètres
s'allongeant comme un gigantesque trait-d'union entre l'Algérie et
le Soudan. Combien cependant l'intérêt économique d'un pareil
chemin de fer paraît difficile à établir ! On veut bien concéder que,
sur son parcours désertique, le transsaharien ne rencontrera pré-
sentement aucun élément de trafic sérieux, mais à défaut d'espé-
rances positives, on donne à entendre la découverte possible dans
l'avenir de gisements de phosphates, voire même de nitrates. Dans
le domaine de la pure hypothèse, toute discussion devient impos-

sible. Au delà de ces 3.000 kilomètres improductifs, le transsaharien serait appelé à drainer le trafic des *riches* régions du Soudan ; nous accolons cette épithète pour nous conformer à l'usage ; elle fait partie de ces qualificatifs stéréotypés sur lesquels on ne revient plus. Les explorateurs européens sont aussi un peu responsables de la légende de la Toison d'Or dont nous parlions tout à l'heure, à propos des récits de leurs devanciers maugrebins.

Mais admettons la richesse de la fertilité du Soudan : trouvera-t-on dans cet Eldorado un produit capable de supporter les frais d'un transport de 3.000 kilomètres, si abaissés que soient les tarifs ? Et ne voit-on pas que la situation sera vraisemblablement la même pour les articles d'importation européenne ? La bougie et le sucre venus de Tripoli par caravanes feront concurrence au sucre et à la bougie amenés par le transsaharien jusque sur les bords du Tchad. Quant à la région du Niger proprement dite, elle ne saurait avoir de meilleures voies commerciales que celles — fluviales ou ferrées — qui la rattacheront à la côte atlantique. Cette concurrence possible de la caravane est un facteur important dans la discussion économique du transsaharien, et cependant une connaissance imparfaite des mœurs indigènes le fait presque toujours laisser de côté. Le fameux adage anglo-saxon : *Times is money*, n'est pas applicable aux races africaines. Le temps a fort peu de valeur pour les noirs des régions tropicales et équatoriales, dont les récoltes viennent presque spontanément ; il n'en a aucune pour les peuples pasteurs du Sahara. Cette non-valeur du temps, d'une part, la sobriété du chameau et de son conducteur, d'autre part, en troisième lieu une route relativement facile permettront à la caravane saharienne de lutter avantageusement avec la vapeur, quand la sécurité sera complète au désert.

Le transsaharien, à défaut d'arguments économiques, peut-il se justifier par d'autres considérations ! Cette justification semble, avant toute discussion, bien téméraire à une époque où la mise en valeur de notre domaine colonial passe à juste titre pour la première de nos préoccupations. La sécurité du sud algérien et du nord du Soudan ne légitimerait pas le sacrifice de 300 millions que coûterait le transsaharien, et cette sécurité peut d'ailleurs être obtenue à beaucoup moins de frais par l'occupation du Touat et le prolongement du chemin de fer du Sud-Oranais jusqu'à ce groupe d'oasis. M. Paul Leroy-Beaulieu assigne au transsaharien un autre objectif, objectif grandiose que les protagonistes des anciens tracés n'avaient pas encore songé à mettre en avant. Le transsaharien est destiné, d'après lui, à unifier notre empire africain ; il devient la voie stratégique de l'Afrique française qui assurera notre supériorité militaire dans le continent noir et compensera, dans les conflits possibles avec l'Anglais, notre infériorité maritime. Que le transsaharien soit un lien entre l'Algérie, le Soudan et le Congo, ces membres épars, *disjecta membra*, comme les appelle M. Leroy-Beaulieu, cela est théoriquement incontestable, quoique trois mille kilomètres de désert soient une distance et un obstacle que la vapeur n'arrive pas à rendre négligeables ; mais ce qui est discutable, c'est la possibilité de notre intervention militaire dans l'Afrique tropicale et équatoriale avec une base d'opérations aussi éloignée que l'Algérie. « Il est de la plus manifeste absurdité, écrit M. Leroy-Beaulieu, de faire dépendre le ravitaillement dans le Bahr-el-Ghazal et sur le Nil d'une marche excessivement longue et lente sur le Congo et l'Oubanghi (1). » Nous croyons ne pas être manifestement absurde en soutenant que notre voie d'accès au Bahr-el-Ghazal, qui malheureusement ne nous intéresse plus, était et serait même, après l'exécution du transsaharien, la voie du Congo-Oubanghi-Mbomou. La distance de Zinder, terminus approximatif du transsaharien, à Fort-Desaix (Bahr-el-Ghazal), est à vol d'oiseau plus considérable que celle de Fort-Desaix à Matadi. Mais ce qui est à l'avantage de cette dernière voie de pénétration, c'est qu'elle peut utiliser sur un très grand parcours de magnifiques artères fluviales accessibles aux steamers.

Il faut bien se rappeler, en outre, que l'indigène algérien, et surtout le Saharien, habitué à un climat sec, est aussi déprimé que l'européen par la chaleur humide des tropiques et de l'équateur. Le pacha Djouder, qui s'était enfoncé avec son armée berbère dans le Sokoto en 1591, fut obligé, dit l'historien arabe, de se retirer avec ses troupes sur Tombouctou, « à cause de l'influence du mauvais air ». Combien de fois, dans nos entreprises coloniales, n'avons-nous pas été amenés nous-mêmes à faire cette expérience ? Voici ce qu'é-

(1) *Débats*, 30 septembre 1898.

crivait, en 1883, dans un de ses rapports, M. Dufourcq, un des chefs distingués de la mission de l'Ouest-Africain : « Si l'on est allé chercher en Algérie des tirailleurs indigènes, j'estime que c'est une idée malheureuse inspirée par la conviction que les Arabes résistent mieux que les blancs au terrible climat de l'Afrique équatoriale. L'expérience a démontré que c'était le contraire, et les Arabes ont été plus éprouvés à l'acclimatation que les Français qui les accompagnent ». Le véritable soldat pour expéditionner dans l'Afrique tropicale et équatoriale est le Soudanais ; il acquiert son maximum de valeur sous notre direction et notre commandement. Son endurance est extrême, aucune épreuve physique ne le décourage et, après les plus durs labeurs, il reprend son fusil pour combattre, comme s'il n'était jamais sorti du rang. C'est grâce à cent-cinquante Sénégalais que Marchand a pu remorquer le *Faidherbe* à travers les marais du Bahr-el-Ghazal et quand quelques jours après le Sirdar se présenta devant Fachoda, ils étaient là sous les armes, n'attendant qu'un signe de leur chef pour faire feu sur les bataillons noirs de l'armée anglo-égyptienne. Quelques régiments de ces excellentes troupes et l'ouverture de quelques routes dans le Soudan feraient plus pour notre supériorité militaire en Afrique que tous les kilomètres du transsaharien.

L'Algérie-Tunisie ne saurait donc nous servir de base d'opérations pour la défense de l'intégrité de notre domaine africain et, par suite, disparaît la nécessité du transsaharien au point de vue stratégique. Quant à l'unification de nos colonies éparses dans le continent noir, elle ne saurait être réalisée complètement : le Congo français pourra bien être relié au Soudan par l'artère navigable du Chari, mais l'Algérie-Tunisie, appelée à bénéficier dans une large mesure du développement de ses communications avec le Soudan et de la plus grande sécurité des voies commerciales du Sahara, restera bien longtemps encore comme l'Afrique Mineure, dont elle fait partie, séparée de la Grande Afrique

III

L'OCCUPATION DU TOUAT

LE TRAITÉ DE 1845 ET L'ACCORD DE 1890 [1]

Après avoir reculé, pendant bien des années, devant le pas à franchir, après bien des hésitations et bien de faux départs qui avaient fini par donner à l'opinion indigène la plus piètre idée de notre politique et de notre puissance, nous avons enfin occupé le Touat. N'avons-nous au moins tant reculé que pour mieux sauter ou, en d'autres termes, le Touat a-t-il été occupé plus facilement et plus complètement en 1900 qu'il ne l'eût été par nous quelque vingt ans plus tôt ? Nous pensons le contraire. Si, en 1860, le commandant Colonieu et le lieutenant Burin s'étaient présentés devant Timimoun dans les conditions où la mission Flamand-Pein s'est avancée en 1899 sur In-Salah, la soumission de la contrée eût été à cette époque obtenue sans coup férir, car nous avions alors un grand prestige dans le Sahara et les populations des oasis n'attendaient qu'une démonstration pour se donner à nous. Quant à la dépense, elle eût été celle afférente à l'entretien d'un goum de deux cents cavaliers pendant trois mois. Pour avoir attendu, pour avoir hésité sur les voies et moyens, pour avoir finalement adopté la plus détestable direction de

(1) Écrit en novembre 1900.

pénétration, l'occupation du Touat, quand elle sera achevée, nous aura coûté bien près de trente millions et dans cette évaluation ne figurent pas les dépenses considérables résultant de la création et de l'entretien de nos forts de l'extrême sud : Mac-Mahon, Miribel, etc., forts dont la seule raison d'être était de servir de points d'appui à la marche de nos colonnes.

Notre diplomatie inquiète et timorée doit seule porter la responsabilité des funestes hésitations de notre politique saharienne. Ce sont ses scrupules qui nous ont obligés à la création si onéreuse de ces forts de l'extrême sud menacés par le Touat plutôt qu'ils ne le menaçaient, jalons plantés prématurément sur la voie la plus détournée et la plus difficile pour accéder à ce groupe d'oasis. L'opinion des gouverneurs venus successivement en Algérie n'a pas varié : tous ont démontré l'opportunité, puis la nécessité, puis l'extrême urgence de notre main-mise sur la région du Touat ; tous ont demandé la liberté d'agir, se portant forts du résultat. Par contre, les ministres des Affaires étrangères ont chaque fois fait écarter les projets d'expédition par crainte de complications avec le Maroc et, comme il arrive le plus souvent, ces complications naissaient de leur excès de prudence.

Il semble, si naïve qu'elle soit, que la ligne de conduite, suivie au quai d'Orsay dans cette question du Touat ait été la suivante. Le Touat est un fruit venu sur un terrain vacant — d'aucuns disaient mitoyen —, afin qu'il ne nous échappe point, prévenons notre voisin du Maroc, avec lequel nous vivons en bons termes, de notre intention de le cueillir prochainement. La réponse du sultan aux ambassadeurs chargés de lui faire de pareilles ouvertures se devine facilement : le fruit lui revenait de droit, le terrain où il avait mûri n'était ni vacant, ni mitoyen, mais bien sa propriété incontestable, lui ayant été transmis en héritage par ses ancêtres.

Je ne veux pas préciser le temps que durèrent ces négociations ni le nombre de fois qu'elles furent reprises. Leur résultat était invariable : tandis qu'en Algérie nous nous hâtions de contremander les expéditions projetées, le sultan dépêchait des émissaires vers le Touat, s'y créait un parti ou bien remettait en grande pompe des burnous d'investiture et des cachets aux chefs des principales oasis venus le saluer à Fez. Il y a plus, encouragée par nos hésitations, la cour chérifienne, renversant les rôles, affectait de prendre ombrage de notre installation à Djeneïen Bou Rezg, puis à Fort Mac Mahon et nos ministres acceptaient de discuter avec le grand vizir la question de l'évacuation de ces postes.

Notre diplomatie ne commença à sortir de son hypnose et à relever un peu la tête que quelques années après la signature de l'accord anglo-français en 1890, comme si les clauses de cette convention avaient donné à la France quelques droits qu'elle n'eût pas déjà. Il n'en était rien. Quand, en 1890, le ministère Salisbury prit l'initiative du partage de l'Afrique, le Sahara occidental, qu'on attribua à la France avec une générosité si ironique, lui appartenait depuis longtemps, presqu'au même titre que l'Algérie. L'affirmation catégorique de M. Ribot déclarant à la tribune que « la question du Touat était une question de police algérienne ne regardant que la France », était conforme à la réalité bien avant cette convention ; elle aurait pu être dite au lendemain du traité de 1845, et, si notre politique de pénétration saharienne s'en était inspirée plus tôt, cette « opération de police » ne nous aurait pas coûté trente millions et n'aurait pas ruiné l'élevage du chameau dans toutes nos tribus du sud.

Mais il est vain de récriminer sur le passé ; il semble plus utile de combattre les allégations de la presse anglaise qui, après avoir envisagé avec un calme relatif notre marche sur le Touat, commence à s'agiter et à manifester au sujet de nos préparatifs militaires dans le Sud-Oranais des préoccupations tendancieuses. Nous répondrons plus spécialement à un correspondant de la *Morning Post* qui dans un copieux article paru à la date du 27 octobre s'est complu à équivoquer sur le traité de 1845 et sur l'accord de 1890 pour infirmer nos droits sur la région du Touat et sur Igli. Cet article est suivi d'un long commentaire du journal exagérant encore cette mauvaise polémique. Remarquons tout d'abord qu'il est au moins plaisant de nous voir discuter la possession de ces sables légers qui avaient tant excité la verve du marquis de Salisbury. J'accorde que les palmeraies du Gourara, du Touat et du Tidikelt ne sont pas du sable, mais, maintenant que ces misérables oasis sont enfin connues, qui oserait prétendre qu'elles ont pour nous la moindre valeur économique? L'hinterland de l'Algérie sera toujours, de par la nature, le pays de l'aridité et de la désolation. Ces contrées sont nécessaires à notre sécurité et à notre domination, mais elles ne doivent exciter les convoitises de personne.

∴

« La prétention de la France d'enfermer le Touat, le Gourara et le Tidikelt dans sa sphère d'influence, écrit le correspondant anglais, n'est pas si indiscutablement établie que M. Delcassé et d'autres hommes hommes d'État français voudraient le donner à entendre.

« Quand on nous demande de croire que les opérations militaires passées et celles que l'on prépare sont simplement une affaire de police qui ne regarde aucune puissance, pas même le Maroc, il est impossible de ne pas penser au traité de 1845 qui est le seul document diplomatique concernant la frontière franco-marocaine et *les sphères d'influence de la France et du Maroc.* » Avant d'analyser les clauses du traité de 1845, signalons tout de suite la grave inexactitude renfermée dans le dernier membre de phrase que nous avons souligné. Il n'a pas pu être question dans ce traité de déterminer *des sphères d'influence.* Cette expression introduite récemment dans le langage diplomatique correspond à une idée toute moderne qui était en 1845 aussi étrangère au plénipotentiaire français qu'au plénipotentiaire marocain.

Il est d'usage de critiquer sévèrement l'ambiguïté des termes du traité de 1845 et de s'en prendre à l'ignorance géographique du plénipotentiaire français et à la mauvaise foi de son collègue marocain. Nous ne souscrivons ni à ces critiques ni à ces reproches. La seule dénomination erronée que nous relevions dans le traité est celle de *Sahara* appliquée à la région des Hauts-Plateaux. Si l'on rectifie cette erreur, erreur commise constamment par les indigènes du Tell, et que le contexte du traité rend évidente (1), il apparaît au contraire que les deux plénipotentiaires français et marocain avaient une intelligence très nette de la configuration géographique des pays entre

---

(1) Cette confusion entre les Hauts-Plateaux et le Sahara n'est qu'une erreur de mots sans importance, puisque l'art. 6 du traité fait disparaître toute équivoque en disant que *la région au sud des ksours est le désert proprement dit.* Malgré l'évidence du contexte, on a fait dire aux plénipotentiaires que les Hauts-Plateaux étaient un désert inhabitable. Cf. *Renseignements sur le nord-ouest Africain,* t. II, p. 2.

lesquels ils voulaient fixer « une limite de souveraineté », ainsi qu'une connaissance parfaite des populations qui les habitaient. Ils divisaient ces pays, comme le font encore nos géographes, en quatre zones distinctes.

1° Le Tell, s'étendant de la Méditerranée aux Hauts-Plateaux.

2° Les Hauts-Plateaux appelés improprement par eux Sahara, allant du Tell à la région des ksours.

3° La région des ksours comprise entre les Hauts-Plateaux et le Grand Désert.

4° Le Grand Désert s'étendant, on peut dire presque indéfiniment, au sud de la région des ksours, contrée à laquelle ils ne donnaient aucun nom et à laquelle nous restituons celui de Sahara.

Il est évident que « la limite de souveraineté » ne pouvait être fixée d'une manière identique dans des régions aussi dissemblables, c'est ce que comprirent à merveille les plénipotentiaires.

Dans le Tell la terre se cultive; l'eau est abondante et est employée aux irrigations; la propriété foncière existe sous la forme privée (melk) ou sous la forme collective (blad sabega); l'indigène vit sédentaire ou se déplace dans un périmètre restreint. On se trouvait donc là, au point de vue du sol et des habitants, dans des conditions assez semblables à celles de l'Europe et « la limite de souveraineté entre les deux pays », devait être une frontière repérée sur le sol de distance en distance. Cette délimitation fait l'objet des articles 1, 2 et 3 du traité. La ligne frontière y est désignée au moyen des lieux ou des accidents topographiques par lesquels elle passe. Retenons, pour les conséquences à en tirer, que cette ligne s'arrête au sud à un col appelé *Temet Sassi*.

Dans les Hauts-Plateaux contrairement au Tell, la terre ne se laboure pas; l'eau devient très rare et n'est pas employée à l'irrigation; la propriété foncière n'existe sous aucune de ses deux formes; les tribus sont nomades, exécutant de grandes migrations pour trouver les pâturages et les eaux qui leur sont nécessaires. Impossible dans cette zone de tracer une limite territoriale entre les deux pays, sans apporter une grande perturbation dans les mœurs et les habitudes des nomades (1). Les plénipotentiaires convinrent donc de fixer la

(1) On est d'accord aujourd'hui pour reconnaître qu'il eût été vain de fixer une limite territoriale dans cette région, les habitudes et les intérêts des popu-

limite de souveraineté entre les deux empires dans cette région de la façon suivante : on désignerait nominativement les tribus dépendant du Maroc et celles dépendant de l'Algérie. Cette désignation fait l'objet de l'article 4.

Dans la région des Ksours reparaissent les populations sédentaires et la propriété foncière; mais comme ces Ksours sont très clairsemés et que d'autre part les tribus nomades des deux empires désignés à l'article 4, peuvent traverser cette région et y camper aux époques de transhumance, il ne pouvait pas davantage être question de fixer la limite de souveraineté au moyen d'une frontière. C'est pourquoi les plénipotentiaires se contentèrent, dans l'article 5, de désigner nominativement les Ksours dépendant de l'un ou l'autre empire. « Les ksours qui appartiennent au Maroc, dit l'article 5, sont ceux de *Ich* et de *Figuig* (1). Les ksours qui appartiennent à l'Algérie sont *Aïn Sefra Sfissifa, Asla, Tiout Chellala, El Abiodh* et *Bou Semghoun* ».

Enfin les plénipotentiaires marocain et français avaient à s'occuper de la région désertique et immense qui commence au sud des ksours. Ils déclarent que cette région est « dépourvue d'eau et inhabitable et que c'est le désert proprement dit. » En quoi, j'aimerais à le savoir, cette description est elle aujourd'hui révisable? Voudrait-on prétentendre que le Sahara est habitable, parce qu'il s'y trouve sur 16° de latitude (du 32° au 16°) deux misérables groupes d'oasis comme le Touat et l'Aïr ou les quelques bicoques disséminées sur l'Oued Saoura? Tous les explorateurs sont unanimes à décrire cette effroyable aridité des plateaux sahariens, plus grande encore que nos imaginations ne l'avaient conçue; tous ont reconnu que la vie sédentaire y était impossible et que le brigandage permettait tout juste à quelques tribus nomades de ne pas y mourir de faim. Le seul point, sur lequel nos connaissances de géographie saharienne aient varié depuis 1845, c'est la constitution du sol qui n'est pas, n'en déplaise au marquis Salisbury, entièrement formé de sable (2). Quel parti allaient prendre les deux diplomates

lations nomades ayant toujours plus de force que les stipulations diplomatiques. *Renseignements sur le nord-ouest Africain*, t. II, p. 53.

(1) La reconnaissance de ces oasis au Maroc est la seule concession importante faite à cette puissance par le traité de 1845. Ces deux oasis faisaient autrefois partie du royaume de Tlemcen et, à ce titre, auraient dû revenir à l'Algérie.

(2) Les sables ne s'étendent que sur le 1/9 à peine de la surface du Sahara.

en face de cette immensité désertique? Plus de tribus à répartir entre les deux empires, plus d'oasis à attribuer comme dans la région des ksours. Pensèrent-ils au Touat? Mais le Touat, s'il en fut question, leur sembla un îlot perdu dans les profondeurs du désert, un îlot inabordable et tellement éloigné qu'il ne pouvait pas plus être rattaché territorialement à l'Algérie ou au Maroc que Tombouctou ou l'Adrar. Il faut bien se mettre dans la tête que nos idées de pénétration saharienne datent d'hier, que l'importance stratégique de tels et tels points du Sahara au point de vue de la sécurité de nos nomades n'était alors pas même soupçonnée, que sa valeur économique semblait nulle, sinon négative et, en cela d'ailleurs, l'opinion était juste. Les plénipotentiaires estimèrent qu'il était sans intérêt, qu'il était « superflu », de fixer une limite de souveraineté dans une pareille contrée et d'établir un *modus vivendi* dans un pays où la *vie* était impossible. D'un commun accord, ils rédigèrent le fameux article 6, point de départ de tant de contestations.

Article 6. — *Quant au pays qui est au sud des ksours des deux gouvernements, comme il n'y a pas d'eau, qu'il est inhabitable et que c'est le désert proprement dit, la délimitation en serait superflue.*

La clause est formelle et ne prête à aucune équivoque. Le pays qui est au sud des ksours algériens et marocains est resté depuis 1845 territoire vacant, *res nullius*, et le sultan ne saurait opposer à nos projets de pénétration saharienne les termes du traité qui a fixé la frontière franco-marocaine (1).

.·.

Mais il n'est pire aveugle que celui qui ne veut point voir et le correspondant de la *Morning Post*, qui se refuse à voir cette conséquence du traité de 1845, prétend que les droits de la France et du Maroc au sud de Figuig ne découlent pas clairement de cet article 6, qu'il y a matière à discussion et qu'il y a lieu d'interpréter un docu-

---

(1) Il est regrettable de lire dans l'ouvrage considérable publié récemment par M. Budgett Meakin sur le Maroc que les Français, par le traité de 1845, on reconnu au Maroc la possession du Touat. *One blunder which the French made then, and have greatly regretted, was the recognition of the Moorish suzerainty in Tuat, an oasis which they have since coveted, as lying on the way to Timbuctoo,* p. 114.

ment dont les termes sont ambigus. « Pour déterminer, ajoute-t-il, l'exacte interprétation du traité, il est d'une importance capitale de rechercher comment on l'interprétait à l'époque ou plutôt vers l'époque où il a été rédigé. Or il existe un document montrant avec une grande précision comment le Gouvernement français interprétait le traité de 1845, trois ans après sa conclusion. Ce document est une carte officielle publiée par le Gouvernement français en 1848 dans laquelle la ligne frontière entre le Maroc et l'Algérie est très clairement marquée, et, sur cette carte, le groupe entier du Touat est renfermé dans la sphère d'influence du Maroc. Avec cette remarquable précision qui caractérise l'œuvre cartographique du Gouvernement français, les sources d'information dont la carte a été tirée sont mentionnées sur la carte elle-même. Rien ne saurait être plus catégorique ni plus précis et il serait intéressant de savoir comment les hommes d'État et les publicistes français sont capables de concilier l'existence de cette carte officielle avec leurs affirmations réitérées que les oasis du Touat sont indiscutablement dans la sphère d'influence française et que les opérations militaires effectuées dans cette région sont une simple affaire de police qui ne regarde que la France. »

Nous connaissons fort bien le document en question; c'est une carte du Maroc, excellente pour l'époque, dressée en 1858 par le capitaine Beaudoin; nous reconnaissons que la frontière franco-marocaine y a été tracée comme l'indique le journaliste anglais, mais nous contestons à ce document le caractère officiel qu'il lui donne et nous déclarons qu'au sud du Teniet-Sassi le capitaine Beaudouin a tracé une frontière qui est une pure œuvre d'imagination. Si, ce faisant, il a cherché à interpréter le traité de 1845, ce que nous ne croyons pas, cette interprétation n'engage que lui. Nos géographes militaires ou civils ont sur la conscience bien d'autres tracés de la frontière franco-marocaine aussi fantaisistes. Il semble qu'ils ne pouvaient se résigner à arrêter cette limite au Teniet-Sassi. Lors de l'établissement de notre protectorat sur l'Annam, on chercha pareillement à nous opposer une carte française qui représentait l'Annam comme une province chinoise. De tels arguments ne portent pas; l'œuvre des géographes est surtout scientifique et les divisions politiques sont le plus souvent pour eux affaire très contingente. Nous ferons toutefois observer au correspondant de la *Morning Post* qu'il a été dressé en 1845, pour être jointe au texte du traité, une carte de la frontière franco-marocaine rédigée en français et en arabe et revêtue de la signature des deux plénipotentiaires. Est-il besoin de dire que sur cette carte, la seule présentant un caractère officiel, la ligne frontière entre l'Algérie et le Maroc est arrêtée au Teniet-Sassi.

La *Morning Post*, pour renchérir encore sur les dires de son correspondant ajoute : « D'après le traité de 1845, et ce traité est le clou de la discussion, non seulement Figuig et Igli (!) mais encore toutes les oasis du Touat sur lesquelles la France a mis la main ont été reconnues comme faisant partie du Maroc. » Il y a là une erreur matérielle qu'il est inutile de réfuter.

.*.

L'accord anglo-français de 1890 ne pouvait en aucune façon modifier, soit pour la restreindre, soit pour l'augmenter, notre liberté d'action au sud de la région des Ksours. Sur ce point, nous partageons complètement la manière de voir du correspondant anglais. « On doit admettre, écrit-il, que, lorsque deux puissances font entre elles un accord, elles subordonnent cet accord aux engagements publics qu'aurait pris avec d'autres États les deux puissances contractantes. Ce que la Grande-Bretagne a voulu faire par la déclaration de 1890, c'était reconnaître *la sphère d'influence de la France au sud de ses possessions méditerranéennes. . . .* Si par conséquent la France avait reconnu antérieurement comme appartenant au sultan du Maroc un territoire qui géographiquement se trouverait au sud de l'Algérie, il est clair que ce territoire, étant marocain, ne pourrait pas être dans la sphère d'influence française et ne pourrait pas avoir été reconnu par la Grande-Bretagne comme faisant partie de cette sphère. » On ne peut mieux déduire un raisonnement, mais l'une des prémisses étant absolument inexacte, la conclusion à tirer de l'argument s'en trouve radicalement faussée. Voici la vérité mise en syllogisme : l'accord de 1890 ne saurait infirmer les clauses du traité de 1845 — le journal anglais l'admet avec nous —, or *ces clauses n'ont nullement reconnu au Maroc la possession du Touat* — nous l'avons démontré contrairement aux allégations de la *Morning Post* —, donc le Touat se trouvait être *res nullius* et son occupation par nous est absolument licite.

Aussi bien, l'accord anglo-français ne se préoccupait-il que de limiter au sud de l'Algérie la sphère d'influence française et n'avait-il nullement pour objet d'en fixer la limite occidentale. Cela ressort clairement des termes de la déclaration de 1890 : « le gouvernement de la Grande Bretagne reconnaît la sphère d'influence de la France *au sud* de ses possessions méditerranéennes, jusqu'à une ligne portant de Say sur le Niger et aboutissant à Barroua sur le lac Tchad. » La *Morning Post* est bien obligée d'avouer que cette phrase est « colossalement vague » appliquée à une délimitation vers l'ouest de notre sphère d'influence.

Mais cette interprétation de la déclaration de 1890 est confirmée encore par la convention de juin 1898 passée entre la France et l'Angleterre. Cette convention fut signée après neuf mois de laborieuses négociations au cours desquelles les commissaires des deux gouvernements reprirent en sous-œuvre l'accord de 1890 pour le préciser et le parachever. Les plénipotentiaires eurent alors à discuter la fameuse déclaration, et il vint si peu à leur pensée qu'elle pût s'appliquer à une limitation vers l'ouest de notre sphère d'influence, que leurs négociations portèrent exclusivement sur la limite sud de cette sphère, soit la ligne Say-Barroua, qui fut d'ailleurs révisée.

La *Morning Post* se demande la raison de cette lacune dans l'œuvre diplomatique de 1890 et de 1898 et elle croit la trouver dans cette hypothèse que l'on pouvait considérer notre frontière ouest dans le Sahara comme suffisamment définie ; nous avons vu plus haut quelle conception erronée le journal anglais se faisait de nos droits et de ceux du Maroc sur cette contrée. Pour nous, cette raison n'est pas la bonne et nous penchons à croire que les diplomates de 1890 comme ceux de 1898 ayant estimé que le Touat devait nous revenir, n'attachèrent aucune importance à limiter vers l'ouest la sphère d'influence française, étant donné que cette influence ne pourrait jamais s'exercer faute de populations.

En effet le Sahara occidental, celui qui s'étend du Touat ou, pour mieux dire, du méridien de Greenwich à l'Atlantique, est, de tous les Sahara, un des plus déshérités, des plus dépourvus d'eau, des plus inhabitables ; on n'y rencontre qu'un seul groupe d'oasis situé vers son extrémité S.-O. celui de l'Adrar rattaché à notre colonie du Sénégal. Cet immense désert situé à l'ouest et au sud du Touat apparut aux plénipotentiaires de 1890 et de 1898 un peu comme la région au sud des ksours avait apparu aux plénipotentiaires de 1845 et, comme eux, ils estimèrent que la délimitation en serait superflue.

Le correspondant de la *Morning Post* qui est loin d'aller aussi avant que son journal dans la dénégation de nos droits, cherche seulement à établir que nos prétentions sur le Touat et principalement sur Igli ne sont pas absolument « indiscutables » et c'est pour arriver à cette petite conclusion qu'il tente un dernier effort. Pour lui tout est vague : le traité de 1845 comme l'accord de 1890. Le traité de 1845, en ne prolongeant pas la frontière franco-marocaine dans le sud, a rendu absolument vide de signification l'expression « sud des possessions méditerranéennes de la France » employée dans l'accord de 1890. Il propose, en conséquence, pour suppléer à cette lacune du traité franco-marocain, d'adopter une ligne frontière entre l'Algérie et le Maroc au sud de Teniet Sassi. Voici les trois solutions qu'il propose :

1° Prolonger la ligne frontière existante dont la direction va sensiblement du N.-O. au S.-E.

2° Prendre comme frontière dans le sud, le méridien passant par Teniet Sassi.

3° Raccorder par une ligne imaginaire Teniet Sassi à Say sur le Niger.

L'auteur, il est juste de le reconnaitre, ne se loue pas beaucoup de la première solution, mais, en revanche, il constate que les deux autres lignes frontières limiteraient avec beaucoup de vraisemblance le sud de l'Algérie du côté de l'ouest et il ajoute, ce qui est évidemment sa grande préoccupation, que ces deux lignes laissent Igli à l'ouest. « On ne peut prétendre, dit-il, à moins de jongler avec la géographie, qu'Igli se trouve au sud des possessions méditerranéennes françaises. Par conséquent on ne peut pas soutenir que la Grande-Bretagne ait reconnu Igli comme étant dans la sphère d'influence française ».

La question n'est pas de savoir si Igli est à l'est ou à l'ouest des frontières fictives proposées par le journaliste anglais, mais bien de savoir si Igli se trouve au sud de la région des ksours, ce que l'on

peut affirmer sans « jongler avec la géographie ». Il est inutile de rou-
vrir à ce sujet une discussion épuisée ; mais l'opinion publique, si
prompte en Angleterre à contester les droits des autres, gagnerait à
méditer ce conseil très sage et très philosophique que nous lisions
dans une autre feuille anglaise (1). « Ce serait être, en vérité, par
trop intolérant que de refuser à la France le droit de prendre des
territoires que nous n'hésiterions pas un instant à occuper, si les si-
tuations étaient renversées ».

Pourquoi notre installation dans la bicoque d'Igli a-telle plus
émotionné l'Angleterre que notre occupation projetée ou réalisée du
Touat, du Gourara et de Tidikelt? Parce que Igli situé à mi-distance
de Figuig au Touat, au confluent de l'Oued Guir et de l'Oued Zouz-
fano — les deux branches de la fourche dont l'Oued Saoura est le
manche —, lui semble avoir une importance stratégique considérable.
L'Angleterre nous voit déjà lançant de ce point nos colonnes sur l'Oued
Guir et sur le Tafilelt et — lâchons le grand mot — ouvrant par le sud
la question marocaine. Mais l'opinion publique peut se rassurer de
l'autre côté de la Manche. L'importance stratégique d'Igli est pour
nous *défensive*. En occupant cette chétive oasis, nous avons eu beaucoup plus en vue d'assurer la sécurité de nos nomades et nos communications vers le Touat que de nous ménager une porte d'entrée
au Maroc. Nous serons peut être amenés à partir d'Igli pour aller
châtier des dissidents ou les turbulentes tribus de l'Oued Guir et du
Tafilelt, mais là se bornera notre action. Quant au jour — qui n'est
pas proche encore — où la France aurait à protéger le sultan du
Maroc, elle ne commettrait pas la folie de faire traverser à ses troupes
les formidables passes du Haut Atlas pour pénétrer au cœur de
l'empire chérifien, alors que nous pouvons arriver si promptement
et si facilement de Marnia à Fez par le large couloir qui s'étend entre
le massif du Rif au nord et celui des Ghiata au sud.

Mais le jour de cette marche sur Fez n'est pas encore venu. L'Angleterre estime qu'elle est avec la France la principale intéressée à la
liquidation de l'héritage marocain et appuie ses prétentions sur la
possession de Gibraltar qui équivaudrait aux droits que crée à la
France la possession de l'Algérie. On peut trouver cette équivalence

(1) *The Speaker*, 9 juin 1900.

un peu disproportionnée, mais cela est secondaire, car les attributions territoriales entre p:issances copartageantes se font rarement en raison directe de leurs droits. Quand l'effondrement du Maroc se produira, la diplomatie européenne aura peu à envisager la proportion des droits de l'Angleterre et de la France ; elle aura à se préoccuper de l'installation éventuelle à Tanger de la puissance qui, possédant déjà Gibraltar, deviendrait par cette annexion, si modeste en apparence, maîtresse absolue d'une des portes de la Méditerranée. Cette éventualité est pour l'Europe entière, autrement importante que la reconnaissance du protectorat français sur l'empire chérifien et ajoute à l'inextricabilité de la *question d'Occident* qui, en réalité, est comme celle d'Orient une question de détroit méditerranéen. C'est ce que semblent oublier ceux qui, comme aux beaux temps de la question d'Orient, préconisent des solutions plus ou moins radicales : les uns tenant pour « la politique de la pomme » qui consisterait à cueillir le Maroc tout entier comme un fruit mûr ; d'autres lui préférant « la politique de l'artichaut » d'après laquelle l'empire chérifien serait mangé feuille par feuille ; d'autres enfin moins affamés se demandant si le mieux ne serait pas « de laisser encore quelques années le Maroc cuire dans son jus ». Le plénipotentiaire marocain avait-il la vision de toutes ces complications, quand il apposait son cachet sous cette phrase du protocole musulman qui termine le traité de 1845 : « Puisse Dieu améliorer cet état de choses dans le présent et dans l'avenir ! »

ANGERS, IMPRIMERIE A. BURDIN ET Cie, RUE GARNIER, 4.

Contraste insuffisant

NF Z 43-120-14